Arcanjo Miguel é uma Ser divino especial, conhecido por sua bondade e sabedoria. Escolhido por Deus como o mensageiro e representante divino, ele liderou o plano de reencarnação e evolução dos seres, visitando diferentes planetas para experiências que resultaram na criação das almas. Ele contribuiu para a construção das bases espirituais de planetas em evolução, como a Terra, onde ajudou a criar cidades para espíritos desencarnados. Miguel coordena bênçãos divinas e orienta pessoas em seu desenvolvimento espiritual, ao lado de Jesus, oferecendo proteção e assistência em seus progressos. Miguel é uma entidade luminosa dedicada à harmonia universal e auxílio espiritual.

Consciência Cósmica Superior

O ARCANJO MIGUEL SOB A ÓPTICA ESPÍRITA

AUTOR: EMERSON CALEJON

Consciência Cósmica Superior

Emerson Calejon

Published by Emerson Calejon, Sr, 2024.

While every precaution has been taken in the preparation of this book, the publisher assumes no responsibility for errors or omissions, or for damages resulting from the use of the information contained herein.

CONSCIÊNCIA CÓSMICA SUPERIOR

First edition. June 16, 2024.

Copyright © 2024 Emerson Calejon.

ISBN: 979-8227369581

Written by Emerson Calejon.

Introdução

Discorrer a respeito do Arcanjo Miguel nos convida a entrar em um campo não somente filosófico, mas também científico, mais amplo.

A primeira etapa a ser tomada nessa trajetória é compreender que ele já estava presente antes da criação do universo, ou seja, já compartilhava a vida com Deus e os anjos antes do surgimento do Big-Bang.

Miguel era um ser divino singular, repleto de bondade e sabedoria a ponto de ser nomeado por Deus como um Anjo, designado para ser o mensageiro e representante divino.

Portanto, o ser celeste azul não se trata de Jesus, assim como Jesus não foi concebido antes de sua vinda à Terra, como sugere a Bíblia. Jesus é nosso irmão mais velho, que evoluiu em níveis elevados de luz universal, assim como Miguel, com a mesma instrução e níveis de instrução.

No início do Big Bang, o universo foi criado e surgiram as escolas celestiais dos seres espirituais, que são os planetas, como o nosso planeta Terra.

Conforme mencionado anteriormente, fomos criados pelo fluido cósmico geral e enviados para a escola espiritual. Para o desenvolvimento, era fundamental termos contato com a realidade. Nossa necessidade era de um invólucro físico, o corpo, envolvido por um mais sutil que está entre as dimensões, chamado perispírito.

Assim, Miguel foi escolhido em conjunto com Jesus e outras entidades iluminadas para liderar o plano de reencarnação e evolução dos seres, iniciando uma jornada pelo universo, visitando diversos planetas para experimentar experiências fundamentais que culminariam no receptáculo primordial para as almas criadas pelo amor divino.

Astros semelhantes ao nosso planeta começaram a se desenvolver até que surgiu a possibilidade de vida. Miguel já estava ao lado de Jesus muito antes da criação dos primeiros seres vivos, antes mesmo da aparição dos primeiros seres humanos.

O Ser Celestial de Manto Azul pode ter se cruzado com os seres humanos antes, mas sua presença sempre foi guiada por uma missão específica, que não é tão evidente para os leigos. Poucos líderes, governantes ou pessoas ricas foram enviadas como mensageiros de luz. Em sua maioria, eram indivíduos que buscavam superar seus próprios obstáculos espirituais.

Miguel participou não apenas do projeto de criação da vida nos planetas em evolução, mas também contribuiu para a construção das bases espirituais desses locais. Aqui no planeta Terra, ajudou a construir cidades de amparo para os espíritos desencarnados, trazendo a luz cósmica para energizá-las. Foi encarregado de convocar os primeiros espíritos dispostos a ajudar aqueles em processo de morte. Dessa forma, a luz foi se espalhando aos poucos em nosso campo astral durante o período em que a Terra enfrentava tempos sombrios.

O Anjo Celeste tem a determinação, o progresso e a capacidade necessárias para percorrer todo o universo, por isso, tem a percepção de todas as direções cósmicas. Ele segue a orientação divina, escutando, movendo-se e retornando para ajudar seus companheiros celestiais e, por meio da captação das energias do universo, facilitar a ascensão gradual das pessoas.

Ele é aquele que coordena e executa as bênçãos divinas em favor dos espíritos que estão se desenvolvendo, ou seja, em relação a nós. Ele dirige os grupos espirituais dos indivíduos que têm uma nova chance de evolução, desde a mudança no perispírito para a reencarnação, até a preparação para retornarem ao mundo físico.

Nós, seres humanos que habitam o planeta Terra, possuímos conhecimento sobre Miguel desde tempos remotos. Sua presença está presente em diversas crenças e textos antigos, sendo muitas vezes confundido com fenômenos naturais. Quando a terra treme, o vento sopra forte e a luz ilumina as trevas, todos percebem a presença de São Miguel.

De acordo com o livro dos espíritos, na questão 113, é ensinado que os espíritos puros já passaram por todos os estágios da evolução e alcançaram a perfeição máxima. Eles não precisam mais reencarnar, dedicam-se à harmonia do universo, auxiliam outros espíritos em suas missões, amparam as pessoas em momentos difíceis e são portadores das mensagens divinas, além de serem colaboradores de uma causa superior.

Miguel é uma entidade luminosa superior, capaz de transcender todas as fases antes da encarnação, colaborando com Jesus e outras entidades espirituais em nosso planeta, oferecendo proteção e orientação, além de oferecer inúmeras possibilidades para o nosso crescimento e progresso. Jesus está na liderança! E Miguel está ao nosso lado, pronto para nos conduzir para um rumo mais favorável.

Capítulo 1
A Origem de Miguel e sua Missão Divina
Introdução a Miguel

O Arcanjo Miguel é uma figura celestial de grande importância nas tradições espirituais. Sua natureza divina e missão transcendem as fronteiras do tempo e do espaço, revelando um ser de luz e sabedoria incomparáveis.

A Natureza de Miguel

Miguel é um ser divino singular, cuja essência irradia a pureza e a força do amor incondicional. Sua origem remonta aos primórdios da criação, quando foi escolhido por Deus para desempenhar um papel fundamental na evolução espiritual do universo.

Ser Divino Singular

Como um ser divino singular, Miguel possui atributos e virtudes que o distinguem como um emissário direto da vontade divina. Sua luz resplandece em todas as direções, trazendo consolo e esperança a todos os seres que buscam a verdadeira essência do amor.

Escolhido por Deus

A escolha de Miguel por Deus foi um ato de reconhecimento da sua capacidade única de liderar e orientar as almas em sua jornada de evolução espiritual. Antes mesmo da criação do universo, Miguel já estava destinado a desempenhar um papel crucial na harmonia cósmica.

Miguel como Mensageiro Divino

Além de sua natureza divina singular, Miguel é reconhecido como um mensageiro direto de Deus, incumbido de transmitir as sagradas mensagens e orientações divinas aos seres em diferentes planos de existência.

Representante de Deus

Na qualidade de representante de Deus, Miguel exerce uma liderança ativa no plano de reencarnação e evolução dos seres, guiando e protegendo aqueles que buscam a luz e a verdade em sua jornada espiritual.

Liderança no Plano de Reencarnação e Evolução dos Seres

A liderança de Miguel se estende além dos limites terrenos, alcançando diferentes planetas e realidades espirituais. Sua presença é reconhecida em visitas a diversos planetas, onde sua orientação e sabedoria são fundamentais para o progresso das almas em evolução.

Retrato Biográfico

Introdução a Miguel

Miguel como Mensageiro Divino

Além de sua natureza divina singular, Miguel é reconhecido como um mensageiro direto de Deus, incumbido de transmitir as sagradas mensagens e orientações divinas aos seres em diferentes planos de existência.

Representante de Deus

Na qualidade de representante de Deus, Miguel exerce uma liderança ativa no plano de reencarnação e evolução dos seres, guiando e protegendo aqueles que buscam a luz e a verdade em sua jornada espiritual.

Liderança no Plano de Reencarnação e Evolução dos Seres

A liderança de Miguel se estende além dos limites terrenos, alcançando diferentes planetas e realidades espirituais. Sua presença é reconhecida em visitas a diversos planetas, onde sua orientação e sabedoria são fundamentais para o progresso das almas em evolução.

Missão Divina de Miguel

A missão divina de Miguel abrange uma série de contribuições e responsabilidades que refletem sua profunda conexão com a criação e evolução espiritual do universo.

Contribuição na Criação das Almas

Miguel desempenha um papel fundamental na criação das almas, participando ativamente da construção das bases espirituais dos planetas e da formação dos seres que neles habitam.

Participação na Construção das Bases Espirituais dos Planetas

Sua contribuição na construção das bases espirituais dos planetas é essencial para o estabelecimento de ambientes propícios ao desenvolvimento e crescimento das almas, promovendo a evolução e a expansão da consciência em todas as dimensões.

Coordenação das Bênçãos Divinas

Além de sua atuação na criação das almas, Miguel exerce um papel de coordenação das bênçãos divinas, orientando o desenvolvimento espiritual e proporcionando a presença reconhecida em diversas crenças e textos antigos.

Orientação no Desenvolvimento Espiritual

Sua orientação no desenvolvimento espiritual transcende as barreiras do tempo e do espaço, alcançando os corações e mentes daqueles que buscam a verdade e a iluminação. Sua presença é uma fonte de inspiração e guia para todos os que anseiam por uma conexão mais profunda com a consciência cósmica superior.

Capítulo 2
Miguel e a Criação das Almas

A participação de Miguel na criação das almas é um dos aspectos mais profundos de sua missão divina. Sua influência se estende por diferentes planetas, onde suas experiências culminaram na criação das almas e contribuíram significativamente para a evolução dos seres em diversos contextos espirituais.

A Participação de Miguel na Criação das Almas

Miguel, como mensageiro divino, desempenha um papel fundamental na criação das almas. Sua conexão com a energia cósmica superior permite que ele participe ativamente desse processo, influenciando a formação e o desenvolvimento das almas em diferentes níveis de existência.

Experiências em Diferentes Planetas

A jornada de Miguel por diferentes planetas proporcionou-lhe experiências únicas que o capacitaram para a culminação na criação das almas. Em cada planeta, ele absorveu conhecimentos e vivenciou situações que enriqueceram sua compreensão sobre a natureza das almas e sua relação com a evolução espiritual.

Culminação na Criação das Almas

Ao integrar suas experiências em diferentes planetas, Miguel atingiu um estágio de compreensão e sabedoria que o capacitou a contribuir ativamente para a criação das almas. Sua conexão com a energia divina permitiu-lhe participar desse processo de forma consciente e amorosa, moldando as almas com base em princípios elevados de luz e amor.

Pense e Reflita
Miguel e a Criação das Almas
A Participação de Miguel na Criação das Almas
Experiências em Diferentes Planetas
Culminação na Criação das Almas

Ao integrar suas experiências em diferentes planetas, Miguel atingiu um estágio de compreensão e sabedoria que o capacitou a contribuir ativamente para a criação das almas. Sua conexão com a energia divina permitiu-lhe participar desse processo de forma consciente e amorosa, moldando as almas com base em princípios elevados de luz e amor.

Contribuição na Evolução dos Seres

Além de sua participação na criação das almas, Miguel também contribui significativamente para a evolução dos seres em diferentes contextos espirituais. Sua orientação e influência promovem o desenvolvimento espiritual e a expansão da consciência, auxiliando os seres em seu caminho de crescimento e ascensão.

Desenvolvimento Espiritual em Diferentes Contextos

Miguel atua em diversos contextos espirituais, oferecendo orientação e suporte para os seres que buscam evoluir em diferentes realidades. Sua presença luminosa e sua sabedoria transcendental são fontes de inspiração e força para aqueles que buscam aprimorar sua jornada espiritual e expandir sua consciência.

Capítulo 3
Miguel e a Evolução dos Seres em Diferentes Planetas

A jornada de Miguel por diferentes planetas é marcada por experiências significativas em locais em evolução espiritual. Sua presença e atuação nesses ambientes desempenham um papel crucial na promoção do desenvolvimento espiritual e na construção das bases espirituais.

A Jornada de Miguel por Diferentes Planetas

Miguel, como mensageiro divino, tem percorrido diversos planetas ao longo de sua existência, levando consigo a luz e a sabedoria divina para auxiliar na evolução espiritual dos seres que habitam nesses locais. Sua presença é um farol de esperança e orientação para aqueles que buscam a elevação espiritual em diferentes partes do universo.

Experiências em Planetas em Evolução

Nas esferas planetárias em processo de evolução, Miguel tem oferecido auxílio e orientação espiritual, atuando como um guia para aqueles que buscam a luz e a verdade. Sua presença amorosa e compassiva tem sido fundamental para o progresso espiritual dessas civilizações em ascensão, trazendo consigo ensinamentos e exemplos de amor incondicional e serviço ao próximo.

Auxílio na Evolução Espiritual

O auxílio de Miguel na evolução espiritual desses seres se manifesta através de sua orientação sábia e acolhedora, incentivando a busca pela verdade interior e o despertar da consciência para a conexão com o divino. Sua presença inspiradora tem sido um catalisador para o florescimento espiritual em cada um desses planetas, guiando os habitantes em direção à luz e à harmonia cósmica.

Miguel e a Evolução dos Seres em Diferentes Planetas
A Jornada de Miguel por Diferentes Planetas
Experiências em Planetas em Evolução
Auxílio na Evolução Espiritual

O auxílio de Miguel na evolução espiritual desses seres se manifesta através de sua orientação sábia e acolhedora, incentivando a busca pela verdade interior e o despertar da consciência para a conexão com o divino. Sua presença inspiradora tem sido um catalisador para o florescimento espiritual em cada um desses planetas, guiando os habitantes em direção à luz e à harmonia cósmica.

Teste Seu Conhecimento

São Miguel na Construção das Bases Espirituais

Além de oferecer auxílio na evolução espiritual, Miguel desempenha um papel ativo na construção das bases espirituais desses planetas em ascensão. Sua influência na estruturação e fortalecimento das fundações espirituais é fundamental para o estabelecimento de um ambiente propício ao desenvolvimento e crescimento das almas que ali habitam.

Promoção do Desenvolvimento Espiritual

A promoção do desenvolvimento espiritual por parte de Miguel se manifesta através da disseminação de ensinamentos elevados, da inspiração para a prática do bem e da criação de espaços sagrados onde a luz divina pode fluir livremente. Sua dedicação à edificação espiritual desses planetas tem sido um farol de esperança e transformação, impulsionando as almas em direção à sua verdadeira essência e ao propósito divino.

Capítulo 4

Miguel e a Construção das Bases Espirituais dos Planetas

O capítulo 4 aborda o papel de Miguel na construção das bases espirituais dos planetas, destacando sua participação na estruturação espiritual dos mesmos e a criação de ambientes de amparo espiritual.

O Papel de Miguel na Construção das Bases Espirituais

Miguel desempenha um papel fundamental na construção das bases espirituais dos planetas, atuando na participação ativa da estruturação espiritual e na influência direta na evolução dos espíritos que neles habitam.

Participação na Estruturação Espiritual dos Planetas

A participação de Miguel na estruturação espiritual dos planetas é marcada por sua atuação na organização e harmonização das energias espirituais presentes em cada um deles. Sua influência se estende desde a formação inicial dos planetas até os estágios avançados de evolução espiritual, contribuindo para a criação de ambientes propícios ao desenvolvimento dos seres.

Miguel trabalha em conjunto com outros seres espirituais, coordenando a distribuição equilibrada das energias e auxiliando na manutenção do equilíbrio espiritual em cada planeta. Sua presença é essencial para garantir que as bases espirituais estejam alinhadas com os propósitos divinos de evolução e progresso.

Influência na Evolução dos Espíritos

A atuação de Miguel na estruturação espiritual dos planetas tem um impacto direto na evolução dos espíritos que neles habitam. Sua presença e orientação contribuem para a criação de condições favoráveis ao desenvolvimento espiritual, promovendo aprendizado, crescimento e expansão da consciência.

Por meio de sua influência, Miguel proporciona oportunidades para que os espíritos possam avançar em seu caminho evolutivo, superando desafios e adquirindo experiências que contribuem para sua jornada espiritual. Sua dedicação à evolução dos seres é uma expressão do amor e da compaixão divina, manifestando-se em cada aspecto da estruturação espiritual dos planetas.

Fatos e Estatísticas Rápidos
Miguel e a Construção das Bases Espirituais dos Planetas
O Papel de Miguel na Construção das Bases Espirituais
Participação na Estruturação Espiritual dos Planetas
Influência na Evolução dos Espíritos

A atuação de Miguel na estruturação espiritual dos planetas tem um impacto direto na evolução dos espíritos que neles habitam. Sua presença e orientação contribuem para a criação de condições favoráveis ao desenvolvimento espiritual, promovendo aprendizado, crescimento e expansão da consciência.

Por meio de sua influência, Miguel proporciona oportunidades para que os espíritos possam avançar em seu caminho evolutivo, superando desafios e adquirindo experiências que contribuem para sua jornada espiritual. Sua dedicação à evolução dos seres é uma expressão do amor e da compaixão divina, manifestando-se em cada aspecto da estruturação espiritual dos planetas.

Criação de Ambientes de Amparo Espiritual

Além de sua participação na estruturação espiritual dos planetas, Miguel também se dedica à criação de ambientes de amparo espiritual, oferecendo assistência e acolhimento aos espíritos desencarnados. Esses ambientes são espaços de refúgio e aprendizado, onde os espíritos podem encontrar orientação e apoio em sua jornada espiritual.

Miguel trabalha em colaboração com outros seres de luz na construção e manutenção desses ambientes, garantindo que estejam alinhados com as necessidades e os propósitos evolutivos dos espíritos. Sua presença amorosa e protetora é uma fonte de conforto e esperança para aqueles que buscam auxílio no plano espiritual.

Capítulo 5
Miguel e sua Contribuição na Terra

A presença de Miguel na evolução espiritual da Terra é de extrema importância, pois ele desempenha um papel fundamental na orientação e proteção dos espíritos desencarnados, bem como na coordenação das bênçãos divinas para a evolução espiritual.

A Presença de Miguel na Evolução Espiritual da Terra

Miguel atua como um guia espiritual, oferecendo auxílio na construção de cidades de amparo, onde os espíritos desencarnados encontram proteção e orientação em sua jornada pós-morte. Sua presença nessas cidades é reconfortante e inspiradora, trazendo paz e esperança para aqueles que buscam amparo.

Auxílio na Construção de Cidades de Amparo

Miguel desempenha um papel ativo na organização e estabelecimento das cidades de amparo espiritual, garantindo que esses locais sejam verdadeiros refúgios para os espíritos desencarnados. Sua orientação é fundamental para a criação de um ambiente acolhedor e seguro, onde os espíritos podem encontrar paz e recuperação após a passagem para o plano espiritual.

Proteção e Orientação aos Espíritos Desencarnados

Nas cidades de amparo, Miguel exerce sua influência protetora, oferecendo orientação e amparo aos espíritos desencarnados. Sua presença traz conforto e segurança, permitindo que esses espíritos se recuperem e encontrem o caminho para sua evolução espiritual.

Teste Seu Conhecimento

Miguel e sua Contribuição na Terra

A Presença de Miguel na Evolução Espiritual da Terra

Auxílio na Construção de Cidades de Amparo

Proteção e Orientação aos Espíritos Desencarnados

Nas cidades de amparo, Miguel exerce sua influência protetora, oferecendo orientação e amparo aos espíritos desencarnados. Sua presença traz conforto e segurança, permitindo que esses espíritos se recuperem e encontrem o caminho para sua evolução espiritual.

Influência nas Bênçãos Divinas

Além de sua atuação nas cidades de amparo, Miguel também desempenha um papel crucial na coordenação das bênçãos divinas destinadas à evolução espiritual da Terra. Sua influência garante que essas bênçãos sejam distribuídas de forma equitativa e em conformidade com as necessidades espirituais da humanidade.

Coordenação das Bênçãos para a Evolução Espiritual

Miguel atua como um elo entre as esferas espirituais superiores e a humanidade, coordenando a distribuição das bênçãos divinas para promover o crescimento espiritual e o bem-estar coletivo. Sua sabedoria e compaixão orientam a concessão dessas bênçãos, garantindo que contribuam para a evolução espiritual da Terra.

Capítulo 6
Miguel e as Cidades de Amparo Espiritual
Amparo Espiritual
O Papel de Miguel na Criação das Cidades de Amparo

O Arcanjo Miguel desempenha um papel fundamental na criação e coordenação das Cidades de Amparo Espiritual, locais sagrados destinados a oferecer acolhimento e auxílio aos espíritos desencarnados. Essas cidades são espaços de luz e amor, onde os espíritos podem encontrar paz e orientação em sua jornada espiritual.

Propósito das Cidades de Amparo Espiritual

O propósito das Cidades de Amparo Espiritual é proporcionar um ambiente acolhedor e seguro para os espíritos desencarnados. Nesses locais, a energia amorosa e reconfortante permite que os espíritos encontrem alívio para suas dores e sofrimentos, além de receberem orientação para sua evolução espiritual.

As Cidades de Amparo também servem como pontos de encontro para os espíritos que buscam auxílio e compreensão. Miguel, em sua sabedoria e compaixão, coordena a atuação dessas cidades, garantindo que cada espírito seja recebido com amor e cuidado.

Coordenação das Atividades nas Cidades de Amparo

Miguel exerce a função de coordenador das atividades nas Cidades de Amparo Espiritual, garantindo que os espíritos em evolução recebam a orientação e proteção necessárias. Sua presença luminosa e amorosa permeia cada aspecto dessas cidades, criando um ambiente propício para o crescimento espiritual e a cura das almas.

Além disso, Miguel orienta os trabalhadores espirituais que atuam nessas cidades, oferecendo direcionamentos e estratégias para atender às necessidades dos espíritos acolhidos. Sua liderança é fundamental para manter a harmonia e o equilíbrio nessas comunidades espirituais, garantindo que cada ser seja tratado com respeito e compaixão.

Capítulo 7
Miguel e as Bênçãos Divinas

O Arcanjo Miguel desempenha um papel fundamental na coordenação das bênçãos divinas, que são manifestações do amor e da misericórdia de Deus. Essas bênçãos têm a capacidade de impactar profundamente as vidas dos seres em evolução, proporcionando orientação, auxílio e proteção espiritual.

Natureza das Bênçãos Divinas

As bênçãos divinas emanam da essência amorosa e compassiva de Deus, refletindo Sua vontade de promover o bem-estar espiritual e o crescimento das almas. Elas se manifestam de diversas formas, como oportunidades de aprendizado, encontros significativos, superação de desafios, curas espirituais e materialização de recursos necessários para a jornada evolutiva.

Além disso, as bênçãos divinas têm o propósito de elevar a consciência dos seres, despertando neles a compreensão da presença divina em suas vidas e incentivando a prática do amor, da gratidão e da solidariedade.

O impacto das bênçãos divinas nas vidas dos seres é profundo e transformador, proporcionando conforto, esperança, fortalecimento espiritual e a sensação de estar amparado e protegido nos momentos de dificuldade e desafio.

Distribuição das Bênçãos aos Seres em Evolução

O Arcanjo Miguel desempenha um papel ativo na distribuição das bênçãos divinas aos seres em evolução, atuando como um elo entre a vontade divina e a manifestação dessas bênçãos na vida de cada indivíduo. Sua orientação e auxílio são fundamentais para que as almas estejam receptivas e abertas para receber as dádivas espirituais que lhes são destinadas.

Miguel atua como um guardião espiritual, direcionando as bênçãos divinas para aqueles que delas necessitam, considerando o momento evolutivo de cada ser e as lições que precisam vivenciar. Sua presença amorosa e atenta permite que as bênçãos fluam de acordo com a sabedoria divina, promovendo o crescimento espiritual e a expansão da consciência.

Ademais, Miguel oferece orientação e auxílio na recepção das bênçãos, auxiliando os seres a reconhecerem e valorizarem as dádivas que lhes são concedidas, bem como a utilizá-las de maneira consciente e amorosa em suas jornadas de evolução.

Capítulo 8
Miguel e a Orientação Espiritual

A orientação espiritual desempenha um papel fundamental no desenvolvimento e evolução dos seres, e Miguel, como mensageiro divino, oferece sua orientação de forma amorosa e compassiva, guiando os indivíduos em seu caminho espiritual.

Guiando os Indivíduos em seu Caminho Espiritual

Miguel, com sua sabedoria e compreensão, oferece conselhos e direcionamentos para a evolução espiritual daqueles que buscam sua orientação. Seus ensinamentos transcendem as barreiras do tempo e do espaço, alcançando os corações sedentos por conhecimento e iluminação.

Por meio de mensagens inspiradoras e orientações claras, Miguel proporciona um farol de esperança e sabedoria para aqueles que enfrentam desafios em seu caminho espiritual. Seus conselhos são como bálsamo para a alma, trazendo conforto e clareza para aqueles que buscam compreender o propósito de suas vidas e a jornada da evolução espiritual.

Conselhos e Direcionamentos para a Evolução

Os conselhos de Miguel abrangem uma variedade de aspectos da jornada espiritual, desde a prática da compaixão e do perdão até a busca pela verdade interior e a conexão com a consciência cósmica superior. Ele incentiva a busca pela autoconsciência e a compreensão do papel de cada indivíduo na teia da existência, promovendo a evolução espiritual em todos os níveis.

Além disso, Miguel oferece direcionamentos práticos para a superação de desafios e a transmutação de energias densas, auxiliando os buscadores espirituais a encontrar equilíbrio e harmonia em suas vidas. Seus ensinamentos são como um mapa para a jornada espiritual, apontando caminhos de crescimento e expansão da consciência.

Retrato Biográfico

Guiando os Indivíduos em seu Caminho Espiritual
Conselhos e Direcionamentos para a Evolução

Os conselhos de Miguel abrangem uma variedade de aspectos da jornada espiritual, desde a prática da compaixão e do perdão até a busca pela verdade interior e a conexão com a consciência cósmica superior. Ele incentiva a busca pela autoconsciência e a compreensão do papel de cada indivíduo na teia da existência, promovendo a evolução espiritual em todos os níveis.

Além disso, Miguel oferece direcionamentos práticos para a superação de desafios e a transmutação de energias densas, auxiliando os buscadores espirituais a encontrar equilíbrio e harmonia em suas vidas. Seus ensinamentos são como um mapa para a jornada espiritual, apontando caminhos de crescimento e expansão da consciência.

Proteção e Amparo nas Escolhas Espirituais

Em meio às escolhas e decisões que permeiam a jornada espiritual, Miguel oferece seu auxílio e proteção, guiando os indivíduos na tomada de decisões que favoreçam seu progresso espiritual. Sua presença amorosa e acolhedora traz segurança e amparo, permitindo que cada ser se sinta protegido em suas escolhas e direcionado para um caminho de luz e crescimento.

Quando os desafios se apresentam e as encruzilhadas surgem, Miguel está presente para oferecer sua orientação e apoio, auxiliando na compreensão das lições e oportunidades que se apresentam. Sua proteção é como um escudo de luz que envolve aqueles que buscam sua orientação, proporcionando um espaço seguro para o aprendizado e a expansão da consciência.

Auxílio na Tomada de Decisões para o Progresso Espiritual

Nas encruzilhadas da vida, Miguel oferece seu auxílio para que cada escolha seja feita em alinhamento com a evolução espiritual. Sua orientação sábia e compassiva permite que os indivíduos se conectem com sua intuição e discernimento, tomando decisões que estejam em harmonia com seu propósito e crescimento espiritual.

Além disso, Miguel oferece amparo nos momentos de dúvida e incerteza, fortalecendo a confiança daqueles que buscam trilhar um caminho de luz e amor. Sua presença é como um farol que ilumina as escolhas, permitindo que cada ser siga adiante com coragem e determinação em direção à sua evolução espiritual.

Capítulo 9
Miguel e sua Presença nas Diversas Crenças

A presença de Miguel, o Arcanjo, transcende as fronteiras das tradições religiosas específicas, sendo reconhecida em diferentes culturas e crenças ao redor do mundo. Sua universalidade como figura espiritual é um testemunho da sua importância e influência nas vidas das pessoas, independentemente de sua origem ou fé.

A Universalidade da Presença de Miguel

Miguel é reverenciado e invocado em diversas tradições religiosas, sendo muitas vezes considerado um arquétipo de proteção, coragem e justiça. Sua presença é sentida em diferentes partes do mundo, unindo pessoas de variadas origens em sua devoção e respeito.

Reconhecimento em Diferentes Tradições Religiosas

Nas tradições cristãs, Miguel é conhecido como o líder dos exércitos celestiais, um guerreiro divino que defende os fiéis contra as forças do mal. No judaísmo, é considerado o guardião do povo de Israel e um dos principais defensores da justiça divina. Nas tradições islâmicas, Miguel é visto como um dos arcanjos que desempenham um papel vital no Dia do Juízo Final, protegendo os justos e combatendo os injustos.

Associação de Miguel a Figuras e Entidades em Diversas Culturas

Além das tradições aramaicas, Miguel também é reconhecido em outras culturas e religiões ao redor do mundo. Em algumas tradições indígenas das Américas, ele é associado a figuras de grande importância espiritual, muitas vezes ligadas à proteção da natureza e da harmonia cósmica. Em tradições africanas, sua presença é sentida como um guardião dos valores morais e espirituais da comunidade.

Manifestações da Presença de Miguel

A presença de Miguel se manifesta de diferentes formas nas práticas e rituais espirituais das diversas culturas que o reverenciam. Seja através de orações, invocações, cerimônias especiais ou festivais dedicados a ele, a influência de Miguel é evidente na vida espiritual e cotidiana de muitas pessoas ao redor do mundo.

Influência nas Práticas e Rituais Espirituais

Nas práticas espirituais, Miguel é frequentemente invocado para proteção, coragem e orientação. Muitas pessoas recorrem a ele em momentos de dificuldade, buscando força e amparo em sua presença. Seus rituais e celebrações refletem a devoção e gratidão por sua influência benéfica nas vidas daqueles que o reverenciam.

Capítulo 10
Miguel e sua Associação a Fenômenos Naturais
A Relação de Miguel com Fenômenos Naturais

A relação de Miguel com fenômenos naturais é um aspecto fascinante de sua presença cósmica. Através das lentes da óptica espírita, podemos compreender a influência espiritual por trás de eventos naturais que muitas vezes nos deixam maravilhados e perplexos.

Interpretações e Significados Espirituais

Os fenômenos naturais, como tempestades, raios, trovões, terremotos e outros eventos da natureza, muitas vezes são interpretados espiritualmente como manifestações da presença e influência de Miguel. Esses eventos são vistos como expressões da energia espiritual que permeia o universo, e Miguel é considerado como um dos guardiões e equilibradores dessa energia.

Na óptica espírita, a compreensão dos fenômenos naturais vai além da simples explicação científica, buscando enxergar a mensagem espiritual por trás deles. Acredita-se que Miguel, como um ser divino de luz e proteção, utiliza esses eventos para transmitir mensagens e influenciar a jornada espiritual da humanidade e do planeta.

Influência de Miguel em Eventos Naturais

A influência de Miguel em eventos naturais é percebida como uma forma de intervenção espiritual para equilibrar as energias da Terra. Por exemplo, tempestades podem ser interpretadas como uma forma de limpeza espiritual, removendo energias negativas e preparando o caminho para a renovação espiritual e material. Raios e trovões são vistos como manifestações da presença de Miguel, trazendo consigo a força e a proteção divina.

Além disso, terremotos e outros eventos geológicos são interpretados como ajustes espirituais e energéticos realizados por Miguel e outras entidades espirituais para promover o equilíbrio e a evolução do planeta e de seus habitantes. Essas interpretações espirituais dos fenômenos naturais ressaltam a crença na presença ativa de Miguel e de outras entidades espirituais na vida terrena.

Mensagens e Símbolos Associados a Miguel

Além das interpretações espirituais dos fenômenos naturais, há também mensagens e símbolos associados a Miguel que podem ser observados na natureza. A presença de arco-íris após uma tempestade, por exemplo, é frequentemente interpretada como um sinal da aliança espiritual e da proteção divina de Miguel. A beleza e a harmonia da natureza são vistas como manifestações da presença e da influência positiva de Miguel e de outras entidades espirituais.

Da mesma forma, a serenidade de um lago calmo, a majestade de uma montanha imponente e a delicadeza de uma flor em seu desabrochar são consideradas manifestações da presença espiritual de Miguel, transmitindo paz, força e renovação espiritual. Esses símbolos e mensagens associados a Miguel na natureza são valorizados como lembretes constantes da presença e do cuidado espiritual em nossas vidas diárias.

Capítulo 11
Miguel e Jesus: Proteção e Auxílio Espiritual
A Parceria entre Miguel e Jesus na Proteção Espiritual

A parceria entre o Arcanjo Miguel e Jesus na proteção espiritual representa uma colaboração divina de extrema importância no amparo e orientação dos seres em seu caminho evolutivo. Ambos desempenham papéis complementares, atuando de forma conjunta para oferecer orientação e proteção espiritual a todos que buscam auxílio.

Complementaridade de Papéis

A complementaridade de papéis entre o Arcanjo Miguel e Jesus se manifesta na harmonia de suas atuações, onde cada um contribui de forma única para o processo de evolução espiritual. Enquanto Miguel representa a força protetora e guerreira, Jesus traz a compaixão e o exemplo de amor incondicional, formando juntos uma parceria equilibrada e poderosa.

Essa complementaridade se reflete na capacidade de atuação em diferentes situações e necessidades espirituais, abrangendo desde a proteção contra influências negativas até a orientação amorosa nos momentos de dificuldade e aflição.

Atuação Conjunta na Orientação e Amparo Espiritual

A atuação conjunta de Miguel e Jesus na orientação e amparo espiritual se manifesta em diversos momentos da jornada dos seres, seja durante desafios individuais, momentos de transição ou em situações que exigem intervenção espiritual especializada. A presença combinada dessas duas entidades luminosas oferece conforto, proteção e direcionamento, promovendo a evolução e o fortalecimento espiritual daqueles que buscam sua ajuda.

Essa parceria se estende além do plano terreno, alcançando também as esferas espirituais superiores, onde Miguel e Jesus atuam em conjunto para promover a harmonia e o progresso espiritual em todas as dimensões.

Você Sabia?

Miguel e Jesus: Proteção e Auxílio Espiritual

A Parceria entre Miguel e Jesus na Proteção Espiritual

Complementaridade de Papéis

Atuação Conjunta na Orientação e Amparo Espiritual

A atuação conjunta de Miguel e Jesus na orientação e amparo espiritual se manifesta em diversos momentos da jornada dos seres, seja durante desafios individuais, momentos de transição ou em situações que exigem intervenção espiritual especializada. A presença combinada dessas duas entidades luminosas oferece conforto, proteção e direcionamento, promovendo a evolução e o fortalecimento espiritual daqueles que buscam sua ajuda.

Essa parceria se estende além do plano terreno, alcançando também as esferas espirituais superiores, onde Miguel e Jesus atuam em conjunto para promover a harmonia e o progresso espiritual em todas as dimensões.

Exemplos de Proteção e Auxílio Espiritual

Os exemplos de proteção e auxílio espiritual proporcionados por Miguel e Jesus são inúmeros, permeando a história espiritual da humanidade e transcendendo as barreiras do tempo e do espaço. Relatos e experiências de intervenções protetoras evidenciam a presença ativa dessas entidades em momentos cruciais, oferecendo amparo, cura e orientação espiritual a todos que necessitam.

Seja através de visões, sonhos, intuições ou manifestações diretas, a proteção e o auxílio espiritual de Miguel e Jesus se manifestam de maneiras sutis e poderosas, tocando os corações e as almas daqueles que buscam a luz e o amparo divino.

Capítulo 12
Miguel: Entidade Luminosa Superior

A natureza luminosa de Miguel é uma manifestação de sua essência divina e de sua conexão com a fonte primordial de luz e energia do universo. Sua presença irradia uma luz que transcende a compreensão humana, envolvendo os seres em uma aura de paz e harmonia.

Miguel é conhecido por sua emanação de luz e energia, que se manifesta como uma aura brilhante e reconfortante. Sua luz é descrita como pura e radiante, capaz de iluminar os caminhos mais obscuros e trazer clareza para as mentes e corações daqueles que buscam orientação espiritual.

A influência luminosa de Miguel na evolução espiritual é profunda e transformadora. Sua luz atua como um farol, guiando os seres em sua jornada de crescimento e autoconhecimento. Aqueles que se abrem para receber a luz de Miguel encontram em seu brilho a inspiração necessária para superar desafios e alcançar novos patamares em sua evolução espiritual.

Além de sua emanação de luz, Miguel também se manifesta através de sua sabedoria e compaixão. Sua presença luminosa é acompanhada por uma profunda compreensão das necessidades e anseios dos seres, e por um amor incondicional que acolhe a todos, independentemente de seu estado espiritual.

Miguel oferece orientação e auxílio luminoso a todos que buscam seu amparo, compartilhando sua sabedoria milenar e oferecendo conselhos que transcendem as limitações do mundo material. Sua compaixão é um bálsamo para as almas sedentas de paz e consolo, e sua presença luminosa é um lembrete constante do amor incondicional que emana da fonte primordial de toda a criação.

Os exemplos de orientação e auxílio luminoso de Miguel são inúmeros, permeando a história espiritual da humanidade e deixando um legado de amor e compaixão que perdura através dos tempos. Sua luz continua a brilhar nos corações daqueles que buscam a verdade e a elevação espiritual, iluminando o caminho para a consciência cósmica superior.

Capítulo 13
Miguel: Dedicado à Harmonia do Universo
O Propósito de Miguel na Harmonia Universal

O Arcanjo Miguel desempenha um papel fundamental na busca pela harmonia universal. Sua presença e atuação estão intrinsecamente ligadas ao equilíbrio e à ordem cósmica, contribuindo para a estabilidade do universo como um todo.

Equilíbrio e Ordem Cósmica

A busca pelo equilíbrio e pela ordem cósmica é uma das principais missões de Miguel. Sua atuação visa garantir que as forças e energias que permeiam o universo estejam em harmonia, promovendo um estado de equilíbrio que propicie o desenvolvimento e a evolução de todas as formas de vida.

Miguel trabalha incansavelmente para manter a ordem cósmica, atuando como um guardião das leis universais e como um agente de equilíbrio entre as forças opostas que regem o universo. Sua dedicação a esse propósito é inabalável, e sua influência se estende por todas as dimensões e planos existenciais.

Contribuições para a Estabilidade do Universo

As contribuições de Miguel para a estabilidade do universo são inestimáveis. Sua capacidade de harmonizar as energias e influenciar os eventos cósmicos é fundamental para a manutenção do equilíbrio entre os diferentes elementos que compõem o cosmos.

Por meio de sua luz e sabedoria, Miguel atua como um farol de estabilidade, irradiando sua influência por todo o universo e garantindo que as forças antagônicas encontrem um ponto de equilíbrio que permita o florescimento da vida e a evolução espiritual de todos os seres.

Atuação na Evolução Planetária

Além de sua contribuição para a harmonia universal, Miguel também exerce uma influência significativa na evolução e progresso dos planetas.

Sua presença ativa em diferentes esferas planetárias visa promover o desenvolvimento espiritual e a expansão da consciência em todas as formas de vida que habitam esses mundos.

Miguel trabalha em estreita colaboração com os seres cósmicos e os guardiões planetários, orientando e apoiando os processos evolutivos que ocorrem em cada planeta. Sua sabedoria e compaixão são fontes de inspiração para aqueles que buscam a elevação espiritual e a conexão com as forças superiores do universo.

Por meio de sua atuação na evolução planetária, Miguel desempenha um papel crucial na promoção da paz, da justiça e do amor em todos os cantos do cosmos, contribuindo para a construção de um universo cada vez mais alinhado com os princípios da consciência cósmica superior.

Capítulo 14

Miguel: Assistência aos Espíritos em Suas Missões

O papel de Miguel na orientação espiritual é de extrema importância, especialmente quando se trata do amparo e orientação nas missões espirituais. Miguel atua como um guia e mentor para os espíritos que estão em missão, oferecendo exemplos de auxílio e direcionamento espiritual.

Amparo e Orientação nas Missões Espirituais

Miguel, como entidade luminosa superior, dedica-se a oferecer amparo e orientação às almas que se encontram em missões espirituais. Sua presença e influência são sentidas por aqueles que buscam cumprir seus propósitos divinos, e sua sabedoria é um farol para os que buscam orientação.

Quando os espíritos se preparam para descer à Terra em missão, Miguel está presente para oferecer conforto e segurança, garantindo que estejam preparados para os desafios que enfrentarão. Sua orientação é como um abraço caloroso que acalma os corações inquietos e fortalece a determinação daqueles que se dispõem a servir.

Além disso, Miguel atua como um conselheiro sábio, oferecendo insights e direcionamentos que ajudam os espíritos a compreenderem melhor suas missões e a superarem os obstáculos que possam surgir. Sua presença é reconfortante e inspiradora, trazendo clareza e confiança para aqueles que buscam cumprir seu propósito divino.

Exemplos de Auxílio e Direcionamento Espiritual

Há inúmeros relatos de espíritos que receberam o auxílio e direcionamento de Miguel em suas missões espirituais. Muitos descrevem a sensação de paz e proteção que experimentaram ao sentir a presença de Miguel ao seu lado, guiando-os em momentos de dúvida e incerteza.

Além disso, há relatos de orientações precisas e insights reveladores que foram transmitidos por Miguel, auxiliando os espíritos a tomarem decisões importantes e a superarem desafios aparentemente intransponíveis. Sua sabedoria e compaixão são fundamentais para o sucesso das missões espirituais, e sua influência é profundamente reconhecida e apreciada por aqueles que tiveram a honra de receber sua orientação.

Capítulo 15
Miguel: Pronto para Guia-nos para um Caminho Favorável

A Disposição de Miguel em Guia-nos para um Caminho Favorável

Miguel, o Arcanjo da Consciência Cósmica Superior, está sempre pronto para nos guiar em um caminho favorável. Sua prontidão em oferecer orientação e auxílio espiritual é uma manifestação do amor e da compaixão divina que ele nutre por todos os seres em evolução.

Prontidão para Oferecer Orientação

A prontidão de Miguel para oferecer orientação é uma característica marcante de sua presença divina. Ele está sempre atento às necessidades espirituais daqueles que buscam seu auxílio, pronto para estender sua mão amorosa e sábia para guiar os passos daqueles que buscam a luz e a evolução espiritual.

Exemplos de Guia para um Caminho Favorável

Existem inúmeros relatos e experiências que evidenciam a atuação de Miguel como guia para um caminho favorável. Muitos indivíduos, em momentos de dificuldade ou dúvida, sentiram a presença reconfortante de Miguel, recebendo insights, inspirações e orientações que os ajudaram a superar desafios e a seguir em direção à evolução espiritual.

Seja através de sonhos, intuições ou encontros sincrônicos, a presença de Miguel se manifesta de maneiras sutis e poderosas, sempre visando o bem-estar e a evolução daqueles que buscam a luz. Seu guia amoroso e compassivo está sempre disponível para aqueles que buscam a verdade e a harmonia em seus caminhos espirituais.

Capítulo 16
Jesus: Líder do Processo de Evolução Espiritual

O papel de Jesus na evolução espiritual é de suma importância, sendo reconhecido como o guia e exemplo supremo de evolução para a humanidade. Sua vida e ensinamentos são fonte de inspiração e orientação espiritual para milhões de pessoas ao redor do mundo.

O Papel de Jesus na Evolução Espiritual

Jesus desempenha o papel de líder no processo de evolução espiritual, sendo o exemplo máximo de amor, compaixão, perdão e sabedoria. Sua vida na Terra foi marcada por ensinamentos que transcendem as barreiras do tempo e continuam a impactar a jornada espiritual da humanidade.

Guia e Exemplo de Evolução

Como guia espiritual, Jesus demonstrou em sua própria vida os princípios fundamentais da evolução espiritual. Seus ensinamentos sobre amor ao próximo, compaixão, perdão e humildade servem como um roteiro para aqueles que buscam evoluir espiritualmente.

Exemplos de Ensinamentos e Orientações Espirituais

Os ensinamentos de Jesus, registrados nos evangelhos, abordam temas como a importância do amor incondicional, a prática da caridade, a busca pela paz interior, o perdão como caminho para a libertação espiritual, entre outros. Suas palavras e ações são exemplos vivos de como trilhar o caminho da evolução espiritual.

Além dos ensinamentos registrados, a presença de Jesus como guia espiritual se manifesta nas experiências pessoais de indivíduos que sentem sua orientação e amparo em momentos de dificuldade, encontrando nele um farol de luz e esperança em suas jornadas espirituais.

Capítulo 17

Miguel: O Anjo que traz a Instrução e a Proteção

A Função de Miguel como Portador de Instrução e Proteção

Miguel, o Arcanjo, desempenha um papel fundamental como portador de instrução e proteção no contexto espiritual. Sua presença é associada à transmissão de conhecimento e sabedoria, bem como à proteção espiritual daqueles que buscam sua orientação.

Transmissão de Conhecimento e Sabedoria

A atuação de Miguel como portador de instrução se manifesta na transmissão de conhecimentos espirituais e na orientação daqueles que buscam compreender aspectos mais profundos da existência. Sua sabedoria é considerada uma fonte de luz para aqueles que buscam evoluir espiritualmente, oferecendo ensinamentos que transcendem as limitações do mundo material.

Por meio de mensagens e insights, Miguel compartilha ensinamentos que visam expandir a consciência e promover o crescimento espiritual. Sua orientação é frequentemente descrita como uma bússola para os buscadores da verdade, apontando caminhos de autoconhecimento e conexão com a dimensão espiritual.

Exemplos de Instruções e Proteção Espiritual

Os exemplos de instruções e proteção espiritual atribuídos a Miguel são numerosos e variados. Através de relatos e experiências, muitos indivíduos afirmam ter recebido orientações específicas em momentos de dúvida ou dificuldade, sentindo a presença reconfortante do Arcanjo em suas vidas.

Além disso, a proteção espiritual associada a Miguel é frequentemente relatada em situações de perigo ou desafio, onde sua intervenção é percebida como um escudo contra influências negativas e como um farol de esperança em meio às adversidades.

Em resumo, a função de Miguel como portador de instrução e proteção transcende as barreiras do tempo e do espaço, oferecendo orientação e amparo àqueles que buscam a luz espiritual em sua jornada evolutiva.

Capítulo 18

Que São Miguel Esteja Conosco em Todas às Horas

A presença constante de São Miguel é uma fonte de conforto e segurança para todos os seres, independentemente das circunstâncias. Sua proteção e amparo estão sempre disponíveis, guiando-nos e oferecendo orientação em todos os momentos.

A Presença Constante de São Miguel

São Miguel, como mensageiro divino, está presente em todos os momentos de nossas vidas. Sua energia amorosa e protetora nos envolve, proporcionando um sentimento de paz e tranquilidade, mesmo nos momentos mais desafiadores. Sua presença é uma bênção que nos acompanha em nossa jornada espiritual.

Proteção e Amparo em Todos os Momentos

A proteção de São Miguel é incondicional e abrangente. Ele nos guarda de influências negativas, nos fortalece em tempos de fraqueza e nos guia para seguir o caminho da luz. Seu amparo é como um escudo que nos envolve, oferecendo segurança e coragem para enfrentar os desafios da vida terrena.

Exemplos de Auxílio e Orientação Constante

Existem inúmeros relatos de auxílio e orientação constantes proporcionados por São Miguel. Muitas pessoas sentem sua presença em momentos de aflição, recebendo insights, conforto e força interior para superar obstáculos. Seus sinais podem se manifestar de diversas formas, como intuições, sonhos reveladores e encontros providenciais que nos direcionam para o caminho certo.

Além disso, a orientação constante de São Miguel pode ser percebida através da sensação de paz interior, da clareza mental para tomar decisões importantes e da presença de sincronicidades que nos mostram que estamos no caminho certo. Seu amparo é uma constante em nossas vidas, mesmo que nem sempre estejamos conscientes disso.

Capítulo 19
Reflexões Sobre o Livro
Pensamentos e Reflexões sobre os Ensinamentos

Ao longo da leitura deste livro, somos convidados a mergulhar em reflexões profundas sobre a natureza espiritual, a evolução dos seres e a influência do Arcanjo Miguel em diferentes aspectos cósmicos. Os ensinamentos apresentados nos capítulos anteriores nos levam a questionar e a buscar compreender a nossa própria jornada espiritual, bem como a relação entre as ações divinas e a evolução dos planetas e dos seres que neles habitam.

As reflexões proporcionadas por este livro nos levam a considerar a importância de nos conectarmos com a consciência cósmica superior e a compreendermos a influência de entidades divinas, como o Arcanjo Miguel, em nossa jornada espiritual. A seguir, apresentaremos algumas reflexões e experiências pessoais que emergiram durante a leitura deste livro.

Impacto Pessoal e Espiritual do Livro

Ao nos depararmos com os ensinamentos sobre a missão divina de Miguel, somos levados a refletir sobre a nossa própria missão e propósito neste universo. A compreensão da atuação do Arcanjo Miguel na criação das almas e na evolução dos seres nos convida a questionar como podemos contribuir para a evolução espiritual, tanto individualmente quanto coletivamente.

Além disso, a exploração da presença de Miguel nas diferentes crenças e tradições religiosas nos leva a refletir sobre a universalidade da espiritualidade e a importância de reconhecermos a diversidade de manifestações da consciência cósmica superior. Essas reflexões nos incentivam a buscar a unidade na diversidade e a compreender a interconexão entre todas as formas de expressão espiritual.

Exemplos de Reflexões e Experiências Pessoais

Durante a leitura deste livro, muitas reflexões e experiências pessoais surgiram, proporcionando insights profundos sobre a nossa jornada espiritual. Um exemplo marcante foi a reflexão sobre a presença constante do Arcanjo Miguel em nossas vidas, oferecendo proteção, orientação e auxílio espiritual em momentos de desafio e crescimento.

Além disso, a exploração da relação entre Miguel e Jesus nos levou a refletir sobre a complementaridade de seus papéis na evolução espiritual, inspirando-nos a buscar a integração de diferentes ensinamentos espirituais em nossa prática diária. Essas reflexões nos desafiaram a expandir nossa compreensão espiritual e a cultivar a harmonia em nossas interações com o divino e com os outros seres.

Capítulo 20
Considerações Sobre o Livro
Conhecendo o Autor

Emerson Calejon é um renomado estudioso e pesquisador no campo da espiritualidade cósmica superior. Com uma carreira dedicada ao estudo das mensagens espirituais e da evolução dos seres, o autor traz consigo uma bagagem de conhecimento e experiência que o qualifica como um dos principais expoentes no tema abordado neste livro.

Experiência e Contribuições do Autor

Com mais de vinte anos de atuação na área espiritual, Calejon já publicou diversos artigos, palestras e livros que contribuíram significativamente para a disseminação de conhecimentos sobre a consciência cósmica superior e a atuação do Arcanjo Miguel na óptica espírita. Sua abordagem acadêmica aliada à sensibilidade espiritual o torna um autor respeitado e reconhecido pela comunidade espiritualista.

Influências Espirituais e Objetivos do Autor

As influências espirituais de Emerson remontam à sua infância, onde experiências pessoais despertaram nele o interesse pelo estudo da espiritualidade e da evolução do ser. Seu principal objetivo como autor é compartilhar conhecimentos que possam auxiliar os leitores em sua jornada espiritual, oferecendo uma visão ampliada e esclarecedora sobre a atuação do Arcanjo Miguel e sua relevância na consciência cósmica superior, sob a óptica espírita.

Capítulo 21
Conclusão e Agradecimentos
Encerramento do Livro

Chegamos ao fim desta jornada de exploração da Consciência Cósmica Superior, sob a óptica espírita, trazendo à tona a figura do Arcanjo Miguel. Ao longo deste livro, buscamos compreender a natureza divina de Miguel, sua missão na criação das almas, sua influência na evolução dos seres em diferentes planetas, sua contribuição na construção das bases espirituais dos planetas, sua presença na evolução espiritual da Terra, sua atuação nas cidades de amparo espiritual, sua coordenação das bênçãos divinas, sua orientação espiritual, sua presença nas diversas crenças, sua associação a fenômenos naturais, sua parceria com Jesus, sua natureza luminosa, sua dedicação à harmonia do universo, sua assistência aos espíritos em suas missões, e sua prontidão em guiar-nos para um caminho favorável.

Agradecimentos Especiais

Gostaríamos de expressar nossa profunda gratidão a todos que tornaram possível a realização deste livro. Em primeiro lugar, agradecemos ao Arcanjo Miguel por sua inspiração e orientação durante todo o processo de escrita. Sua presença luminosa e sua sabedoria foram fundamentais para a elaboração deste trabalho.

Agradecemos também aos estudiosos e pesquisadores que dedicaram seu tempo e esforço para aprofundar o conhecimento sobre a Consciência Cósmica Superior e a óptica espírita. Suas contribuições foram valiosas para a construção do conteúdo apresentado neste livro.

Reconhecimento e Gratidão aos Colaboradores

Nossos sinceros agradecimentos a todos os colaboradores que participaram ativamente deste projeto, desde a pesquisa e organização do conteúdo até a revisão e edição final. Cada um de vocês desempenhou um papel fundamental na concretização deste livro didático.

Por fim, agradecemos aos leitores e estudantes que se dedicarão à leitura deste livro. Esperamos que as informações aqui apresentadas possam contribuir para uma compreensão mais ampla da Consciência Cósmica Superior e do papel do Arcanjo Miguel na óptica espírita.

Leituras Adicionais do Livro: São Miguel

A presença de Miguel antes da criação do universo

O estudo da presença de Miguel antes da criação do universo nos leva a refletir sobre a natureza atemporal e transcendental desse ser espiritual. A existência de Miguel não está limitada pelo tempo ou pelo espaço, e sua influência se estende desde os primórdios da criação até os dias atuais.

Miguel e sua existência prévia à criação do universo

A existência de Miguel transcende a própria noção de criação, pois ele é descrito como um ser eterno, cuja luz e sabedoria permeiam todas as eras e dimensões. Sua presença prévia à criação do universo nos convida a considerar a ideia de que Miguel é parte integrante da essência divina, manifestando-se como um guia e protetor desde tempos imemoriais.

As tradições espirituais e religiosas oferecem relatos e ensinamentos que destacam a presença de Miguel como um arcanjo que testemunhou o surgimento do universo e que, desde então, tem desempenhado um papel fundamental na orientação e proteção das criaturas espirituais em sua jornada evolutiva.

O papel de Miguel nas escolas celestiais dos seres espirituais

Nas escolas celestiais dos seres espirituais, Miguel é reconhecido como um mestre e guia, cuja sabedoria e amor servem de alicerce para o desenvolvimento e a evolução das consciências. Sua atuação nessas escolas transcende a mera transmissão de conhecimentos, pois ele é também um exemplo vivo dos princípios espirituais que orientam a jornada de cada ser.

A abordagem filosófica e científica da presença de Miguel antes da criação do universo nos convida a explorar as dimensões metafísicas e cosmológicas que transcendem os limites da compreensão humana. Através da contemplação e do estudo desses aspectos, buscamos ampliar nossa percepção da existência e reconhecer a influência atemporal de Miguel na trajetória espiritual do universo.

A Presença de Miguel Antes da Criação do Universo

Neste capítulo, exploraremos a presença atemporal de Miguel e seu papel antes da criação do universo, incluindo sua existência antes do Big Bang e sua contribuição na criação das escolas celestiais.

A existência atemporal de Miguel

Miguel, o arcanjo da coragem e proteção, transcende a noção de tempo e espaço. Sua presença é anterior à própria concepção do universo, e sua influência se estende por todas as eras e dimensões. Antes do Big Bang, antes da formação das galáxias e estrelas, Miguel já existia em sua plenitude espiritual.

Miguel e sua presença antes do Big Bang

O Big Bang marcou o início do tempo e do espaço como os conhecemos, mas a presença de Miguel antecede esse evento cósmico. Sua essência espiritual permeava o vazio primordial, preparando o terreno para a manifestação do universo. Sua luz e sabedoria já estavam presentes, aguardando o momento propício para a criação.

É importante compreender que a atemporalidade de Miguel não o confina a um ponto específico na linha do tempo. Sua existência transcende a cronologia universal, e sua influência se estende desde os primórdios até os confins do tempo futuro.

O papel de Miguel na criação das escolas celestiais

Além de sua presença antes do surgimento do universo físico, Miguel desempenhou um papel fundamental na criação das escolas celestiais. Essas escolas, ou centros de aprendizado espiritual, foram estabelecidas por Miguel como espaços de evolução e instrução para os seres espirituais.

Nas escolas celestiais, os seres espirituais encontram orientação, aprimoramento e expansão de consciência. Miguel, em sua sabedoria e amor incondicional, organizou esses espaços para que a jornada espiritual de cada ser pudesse florescer e se desenvolver em harmonia com o plano divino.

Compreender a presença atemporal de Miguel e seu papel na criação das escolas celestiais nos convida a refletir sobre a natureza transcendental do arcanjo e sua influência benevolente no tecido do universo.

Jesus e Miguel: Irmãos na Luz Universal

Neste capítulo, exploraremos a profunda irmandade espiritual entre Jesus e Miguel, destacando suas jornadas individuais de evolução espiritual, bem como as semelhanças em sua instrução e nos patamares de luz universal que alcançaram.

A irmandade espiritual entre Jesus e Miguel

A relação entre Jesus e Miguel transcende a mera associação espiritual; é uma irmandade que se estende desde os primórdios da criação. Ambos compartilham uma ligação espiritual única, fundamentada na busca pela evolução e na orientação amorosa para com a humanidade.

A evolução espiritual de Jesus e Miguel

Jesus e Miguel trilharam caminhos de evolução espiritual que refletem a busca constante pela luz universal. Suas jornadas individuais, embora distintas em manifestação, convergem na busca pela elevação espiritual e na disseminação do amor incondicional.

Jesus, em sua passagem terrena, encarnou a essência do amor e da compaixão, demonstrando a plenitude do potencial humano em sintonia com a luz divina. Sua evolução espiritual é um farol para a humanidade, apontando o caminho da redenção e da transcendência.

Miguel, como arcanjo e guia espiritual, traz consigo a sabedoria ancestral e a compreensão das múltiplas dimensões do universo. Sua evolução espiritual é um testemunho da constância na busca pela harmonia e pela elevação de todos os seres.

A semelhança na instrução e nos patamares de luz universal

Embora tenham seguido caminhos distintos, Jesus e Miguel compartilham uma instrução que transcende as limitações terrenas. Sua conexão com os patamares de luz universal reflete a unidade na diversidade, demonstrando a multiplicidade de expressões da luz divina.

A semelhança na instrução de Jesus e Miguel reside na compreensão da unidade de toda a criação, na valorização do livre-arbítrio e na promoção do amor como força transformadora. Ambos exemplificam a integração da luz divina em todas as dimensões da existência.

Os patamares de luz universal alcançados por Jesus e Miguel são fontes inesgotáveis de inspiração e orientação para a humanidade, oferecendo um vislumbre da potencialidade espiritual inerente a todos os seres.

As Escolas Celestiais e a Criação do Universo

A formação das escolas celestiais dos seres espirituais

As escolas celestiais dos seres espirituais representam um aspecto fundamental da existência cósmica, desempenhando um papel crucial na evolução e no desenvolvimento espiritual. Estas escolas, embora muitas vezes invisíveis aos olhos humanos, são espaços de aprendizado e crescimento para as entidades espirituais, proporcionando oportunidades para a expansão da consciência e a compreensão mais profunda do universo e de si mesmas.

O surgimento das escolas celestiais durante o Big Bang

A teoria do Big Bang, amplamente aceita pela comunidade científica, sugere que o universo teve origem em uma explosão cósmica há bilhões de anos. Nesse momento primordial, as sementes da criação foram plantadas, dando origem não apenas às galáxias, estrelas e planetas, mas também às escolas celestiais. A expansão do universo trouxe consigo a formação dessas escolas, que se manifestaram como espaços intemporais de conhecimento e sabedoria.

O surgimento das escolas celestiais durante o Big Bang representa a manifestação da intenção divina de proporcionar oportunidades para o crescimento espiritual e a evolução das entidades cósmicas. Assim, desde os primórdios do universo, as escolas celestiais têm desempenhado um papel ativo na orientação e no desenvolvimento das entidades espirituais, oferecendo um ambiente propício para a expansão da consciência e a busca pela compreensão do plano divino.

O propósito das escolas celestiais na evolução espiritual

O propósito das escolas celestiais na evolução espiritual é multifacetado, abrangendo desde a aquisição de conhecimento e sabedoria até a purificação e elevação espiritual. Nestes espaços sagrados, as entidades espirituais têm a oportunidade de aprofundar sua compreensão do universo, explorar os mistérios da existência e aprimorar suas habilidades e dons espirituais.

Além disso, as escolas celestiais servem como centros de cura e transformação, onde as entidades espirituais podem encontrar apoio e orientação para superar desafios, purificar suas energias e avançar em sua jornada evolutiva. A interação com outros seres espirituais e com mestres iluminados também é uma parte essencial da experiência nas escolas celestiais, proporcionando oportunidades para o compartilhamento de conhecimento, a colaboração e o crescimento mútuo.

Em resumo, as escolas celestiais desempenham um papel vital na evolução espiritual, oferecendo um ambiente de aprendizado, cura e transformação, onde as entidades espirituais podem expandir sua consciência, aprimorar suas habilidades e contribuir para o bem-estar e a harmonia do universo.

Miguel, Jesus e Outras Entidades Iluminadas na Liderança do Plano de Reencarnação e Evolução dos Seres

Neste capítulo, exploraremos a liderança espiritual de Miguel, Jesus e outras entidades iluminadas no plano de reencarnação e evolução dos seres. Veremos o papel de Miguel nessa liderança espiritual e a contribuição de Jesus e outras entidades para a evolução dos seres.

A liderança espiritual de Miguel, Jesus e outras entidades

A liderança espiritual desempenhada por Miguel, Jesus e outras entidades iluminadas é de extrema importância no plano de reencarnação e evolução dos seres. Suas orientações e influências transcendem as barreiras do tempo e do espaço, impactando diretamente a jornada espiritual de cada ser.

O papel de Miguel na liderança espiritual

Miguel, como arcanjo e líder espiritual, desempenha um papel fundamental na orientação e proteção dos seres em sua jornada de evolução. Sua presença luminosa e sua sabedoria transcendental oferecem um farol de esperança e direção para aqueles que buscam a elevação espiritual. A atuação de Miguel se estende por diferentes planos e dimensões, proporcionando suporte e amparo em momentos cruciais da jornada de cada ser.

A contribuição de Jesus e outras entidades na evolução dos seres

Além de Miguel, Jesus e outras entidades iluminadas também desempenham um papel significativo na evolução dos seres. Suas mensagens de amor, compaixão e sabedoria servem como guias para aqueles que buscam a verdadeira essência de suas existências. A presença e a influência dessas entidades transcendem as fronteiras terrenas, alcançando os corações e as mentes daqueles que anseiam por crescimento espiritual.

A Jornada de Miguel pelo Universo

A presença de Miguel antes da manifestação física

Desde tempos imemoriais, a presença de Miguel tem sido reconhecida como uma força atemporal, existente antes mesmo da manifestação física do universo. Sua essência transcendental permeia os reinos espirituais, estando presente desde os primórdios da criação.

Miguel antes da criação do universo

Antes da concepção do universo material, Miguel já existia em sua forma espiritual, como uma entidade de luz e sabedoria. Sua presença era uma fonte de equilíbrio e orientação nos planos espirituais, preparando-se para a jornada cósmica que estava por vir.

A atemporalidade de Miguel é um conceito complexo para a mente humana compreender, mas sua existência transcende as limitações do tempo e do espaço, estando presente em todas as eras e dimensões.

O papel de Miguel na jornada pelo universo

A jornada de Miguel pelo universo é uma narrativa cósmica que abrange a criação e evolução de múltiplos planos de existência. Sua influência se estende desde os estágios primordiais da formação das galáxias até a manifestação da vida em diversos mundos.

Como um guia espiritual e protetor, Miguel desempenha um papel fundamental na sustentação e evolução dos seres em sua jornada pelo cosmos. Sua presença é uma constante fonte de inspiração e amparo, moldando os destinos das criaturas em sua busca pela luz e sabedoria.

A compreensão da jornada de Miguel pelo universo nos convida a refletir sobre a vastidão do tempo e do espaço, e sobre a importância de sua influência benevolente na trajetória de incontáveis seres em sua busca pela plenitude espiritual.

A Contribuição de Miguel na Criação da Vida nos Planetas em Evolução

O papel de Miguel na criação da vida nos planetas

Miguel desempenha um papel fundamental na criação da vida nos planetas em evolução. Sua influência se estende desde as fases iniciais de formação dos planetas até o desenvolvimento e evolução dos seres que neles habitam.

A influência de Miguel na evolução dos seres nos planetas

A presença de Miguel é sentida em cada etapa do processo evolutivo dos seres nos planetas. Sua orientação e cuidado são fundamentais para garantir que a vida se desenvolva de acordo com os planos divinos, promovendo a evolução espiritual e intelectual dos seres.

Miguel atua como um guia sábio, oferecendo orientação e proteção à medida que os seres enfrentam desafios e oportunidades de crescimento. Sua presença amorosa e compassiva é uma fonte de inspiração e força para aqueles que buscam expandir sua consciência e compreensão do universo.

A colaboração de Miguel na sustentação da vida nos planetas em evolução

Além de influenciar a evolução dos seres, Miguel colabora ativamente na sustentação da vida nos planetas em evolução. Sua energia e luz alimentam os ecossistemas, proporcionando equilíbrio e harmonia para que a diversidade da vida possa prosperar.

Miguel trabalha em conjunto com outras entidades espirituais para garantir que os recursos naturais sejam utilizados de forma responsável e que a interação entre os seres vivos e o ambiente seja equilibrada. Sua atuação visa preservar a beleza e a integridade dos planetas, promovendo um ambiente propício para o florescimento da vida.

A Fundação das Bases Espirituais por Miguel

O papel de Miguel na fundação das bases espirituais

Miguel desempenha um papel fundamental na fundação das bases espirituais, sendo responsável por estabelecer os alicerces que sustentam a evolução dos seres. Sua influência transcende as fronteiras do tempo e do espaço, atuando de forma atemporal e universal na criação e manutenção dessas bases.

A influência de Miguel na criação das bases espirituais

A influência de Miguel na criação das bases espirituais é marcada por sua sabedoria e compaixão. Ele utiliza sua luz universal para moldar os princípios e valores que norteiam a evolução espiritual, garantindo que essas bases sejam sólidas e permeadas por amor incondicional.

A Atuação de Miguel em Colaboração com Jesus e Outras Entidades Espirituais

A colaboração de Miguel com Jesus

A parceria entre Miguel e Jesus na orientação espiritual é um dos aspectos mais significativos da atuação de ambos na evolução da humanidade. Esses dois seres luminosos unem suas forças e sabedoria para oferecer orientação e amparo à humanidade em sua jornada espiritual.

Miguel e Jesus compartilham uma conexão profunda e uma compreensão mútua que transcende as barreiras do tempo e do espaço. Sua colaboração é baseada na harmonia, na compaixão e no desejo genuíno de auxiliar a humanidade em seu processo evolutivo.

A parceria entre Miguel e Jesus na orientação espiritual

A parceria entre Miguel e Jesus na orientação espiritual se manifesta em diversos aspectos da vida humana. Eles trabalham em conjunto para inspirar, confortar e elevar os corações e mentes daqueles que buscam a luz e a verdade. Sua orientação é sutil, porém poderosa, e se estende a todos os que estão dispostos a receber suas bênçãos.

Miguel e Jesus atuam como mentores espirituais, oferecendo ensinamentos e exemplos de amor incondicional, compaixão e perdão. Sua parceria na orientação espiritual visa despertar a consciência humana para a importância do amor, da paz interior e da solidariedade entre todos os seres.

Miguel: Protetor e Guia da Humanidade

O papel de Miguel como protetor da humanidade

Miguel, o Arcanjo guerreiro, é reconhecido em diversas tradições espirituais como um protetor incansável da humanidade. Sua atuação protetora se manifesta em momentos cruciais da história, oferecendo amparo e orientação nos períodos de desafios e transformações.

Desde tempos imemoriais, relatos e crenças populares destacam a presença de Miguel em batalhas espirituais, protegendo os seres humanos de forças negativas e influências destrutivas. Sua espada flamejante é símbolo de sua determinação em defender a humanidade contra as trevas e a desordem espiritual.

A atuação protetora de Miguel em momentos cruciais da história

A história registra inúmeros episódios em que a intervenção protetora de Miguel foi invocada e reconhecida. Desde relatos bíblicos até narrativas contemporâneas, a presença de Miguel é associada a momentos de perigo iminente, nos quais sua proteção foi invocada e sentida de forma tangível.

Em batalhas espirituais, Miguel é descrito como o líder das hostes celestiais, combatendo as forças das trevas e restaurando a ordem divina. Sua coragem e determinação em proteger a humanidade são fonte de inspiração e conforto para aqueles que buscam amparo em tempos de aflição.

A presença constante de Miguel como guia espiritual

Além de seu papel como protetor, Miguel também é reconhecido como um guia espiritual constante, oferecendo orientação e inspiração para aqueles que buscam o caminho da luz e da evolução espiritual.

Sua presença é sentida nos momentos de dúvida e desespero, trazendo conforto e clareza para os corações aflitos.

Miguel é frequentemente retratado como o guardião das almas, auxiliando os indivíduos em sua jornada espiritual e protegendo-os dos desafios e tentações que possam desviar seu caminho. Sua sabedoria e compaixão são fontes de força e esperança para todos aqueles que buscam a verdade e a harmonia espiritual.

As Possibilidades Infinitas Oferecidas por Miguel para o Desenvolvimento e Progresso da Humanidade

As oportunidades de desenvolvimento proporcionadas por Miguel

Miguel, como uma entidade espiritual de elevada luminosidade, oferece inúmeras oportunidades de desenvolvimento para a humanidade. Sua influência se estende tanto no âmbito espiritual quanto no intelectual, proporcionando um vasto leque de possibilidades para o progresso humano.

A influência de Miguel na evolução espiritual e intelectual da humanidade

A presença de Miguel atua como um farol, iluminando o caminho da evolução espiritual da humanidade. Sua orientação sutil, mas poderosa, inspira indivíduos e coletividades a buscar um entendimento mais profundo sobre a natureza da existência e a conexão com o divino. Além disso, Miguel também exerce uma influência significativa no desenvolvimento intelectual, estimulando a busca pelo conhecimento, pela sabedoria e pela compreensão das leis universais que regem a vida.

Por meio de insights, inspirações e orientações, Miguel atua como um catalisador para o crescimento espiritual e intelectual, incentivando a humanidade a expandir seus horizontes e a transcender limitações autoimpostas.

Os caminhos abertos por Miguel para o progresso humano

Miguel, em sua benevolência e sabedoria, abre caminhos para o progresso humano em diversos aspectos. Seja na ciência, na arte, na filosofia, na espiritualidade ou em outras áreas do conhecimento, a influência de Miguel se faz presente, estimulando a inovação, a criatividade e a busca por soluções que promovam o bem-estar coletivo.

Além disso, Miguel também oferece orientação para a construção de sociedades mais justas, compassivas e equitativas, incentivando a cooperação, a solidariedade e o respeito mútuo entre os seres humanos. Seus ensinamentos e inspirações permeiam as mentes e os corações daqueles que buscam contribuir para um mundo melhor, mais harmonioso e mais evoluído.

Jesus Lidera, Miguel Conduz: Uma Parceria para o Progresso

Neste capítulo, exploraremos a dinâmica da parceria entre Jesus e Miguel na orientação espiritual e evolutiva da humanidade. Suas respectivas funções e influências desempenham um papel crucial no progresso espiritual e no desenvolvimento da consciência humana.

A liderança de Jesus na orientação espiritual

Jesus, conhecido por sua sabedoria e compaixão, exerce uma liderança inigualável na orientação espiritual da humanidade. Sua mensagem de amor, perdão e compreensão ressoa através dos tempos, oferecendo um farol de esperança e inspiração para aqueles que buscam a verdade interior.

Como guia espiritual e mestre, Jesus transcende as barreiras do tempo e do espaço, alcançando os corações e mentes de pessoas de todas as culturas e tradições. Sua presença continua a iluminar o caminho daqueles que buscam a elevação espiritual e a conexão com o divino.

O papel de Jesus como guia espiritual e mestre

O papel de Jesus como guia espiritual e mestre vai além das palavras e ações registradas nos textos sagrados. Sua essência transcende a compreensão humana, oferecendo um exemplo vivo de compaixão, humildade e serviço desinteressado.

Através de suas parábolas e ensinamentos, Jesus convida seus seguidores a olharem para dentro de si mesmos, a questionarem suas crenças e a despertarem para uma consciência mais elevada. Sua liderança espiritual é marcada pela simplicidade, pela autenticidade e pela profunda conexão com a fonte de toda a vida.

A influência de Jesus na evolução espiritual da humanidade

A influência de Jesus na evolução espiritual da humanidade é indiscutível. Seus ensinamentos ecoam através dos séculos, desafiando as estruturas estabelecidas e convidando as pessoas a repensarem suas relações consigo mesmas, com os outros e com o universo.

A mensagem de amor incondicional e compaixão ensinada por Jesus continua a inspirar movimentos de justiça social, a promover a reconciliação entre diferentes grupos e a despertar a consciência coletiva para a importância da empatia e do cuidado mútuo.

A Importância de Miguel na Proteção e Orientação da Humanidade

A proteção ativa de Miguel em momentos críticos da história

Miguel, o Arcanjo da proteção, tem desempenhado um papel vital em momentos cruciais da história da humanidade. Sua atuação protetora se manifesta em diversas situações de perigo, oferecendo amparo e orientação para aqueles que buscam sua ajuda. A presença ativa de Miguel em momentos críticos tem sido relatada em diferentes tradições e culturas, demonstrando a universalidade de sua influência protetora.

Exemplos de intervenção de Miguel em situações de perigo para a humanidade

Ao longo dos séculos, inúmeros relatos e testemunhos descrevem a intervenção de Miguel em situações de perigo iminente para a humanidade. Desde batalhas épicas até desastres naturais, a presença de Miguel tem sido invocada por aqueles que enfrentam adversidades aparentemente insuperáveis. Em momentos de guerra, Miguel é frequentemente descrito como um guerreiro divino, liderando exércitos celestiais para proteger os inocentes e restaurar a paz.

Além disso, relatos de intervenção de Miguel em desastres naturais, como terremotos, furacões e tsunamis, destacam sua capacidade de acalmar as forças da natureza e proteger comunidades inteiras da devastação. Sua presença reconfortante e sua ação rápida têm sido fonte de esperança e salvação para muitos que enfrentaram tais tragédias.

O impacto das ações protetoras de Miguel na história da humanidade

O impacto das ações protetoras de Miguel ressoa ao longo da história da humanidade, deixando um legado de coragem, proteção e esperança. Os exemplos de sua intervenção em momentos críticos inspiraram gerações, fortalecendo a crença na presença de forças divinas que zelam pelo bem-estar da humanidade. A influência de Miguel na história da humanidade transcende fronteiras culturais e religiosas, unindo pessoas em sua devoção e gratidão pela proteção oferecida.

Além disso, o impacto das ações protetoras de Miguel se estende para além dos eventos específicos em que sua intervenção foi invocada. Sua presença contínua como guardião e protetor da humanidade oferece conforto e segurança, mesmo nos momentos mais sombrios. A crença na proteção de Miguel tem sido uma fonte de força e resiliência para inúmeras pessoas ao longo da história, proporcionando esperança e amparo em tempos de adversidade.

A influência conjunta de Miguel e Jesus na evolução espiritual

A influência conjunta de Miguel e Jesus na evolução espiritual é evidente ao longo da história da humanidade. Suas mensagens de esperança, fé e renovação têm ecoado através dos séculos, tocando os corações de inúmeras pessoas e inspirando transformações profundas.

Miguel e Jesus trabalham em conjunto para promover a evolução espiritual da humanidade, oferecendo suporte e orientação em momentos de desafio e transição. Sua influência conjunta se manifesta em eventos significativos, bem como nas interações diárias entre indivíduos que buscam a luz e a verdade.

Biografia

Chamo-me Emerson Calejon, sou formado em Administração de Empresas, realizo pesquisas e sou autodidata em filosofia clássica e contemporânea. Sou estudante da espiritualidade e ciências humanas, possuo pós-graduação em psicologia existencial e psicanálise e tenho grande apreço pela escrita.

Publiquei um livro intitulado "Um olhar de misericórdia" voltado para a espiritualidade. Atualmente, estou lançando a história de "John River — O último desafio".

O que mais me traz felicidade é saber que sempre teremos novos desafios para enfrentarmos e continuarmos avançando em direção ao nosso progresso.

Agradeço!

"Ainda que eu falasse a língua dos Anjos e dos Homens, sem Amor, eu nada seria."

"Que Deus esteja com Todos."

São Paulo - 2024

Editora Home

2024

Don't miss out!

Visit the website below and you can sign up to receive emails whenever Emerson Calejon publishes a new book. There's no charge and no obligation.

https://books2read.com/r/B-A-MZIIB-WXJMD

BOOKS2READ

Connecting independent readers to independent writers.

Also by Emerson Calejon

A jornada de Allan Karras
A Serenidade Interior
Do outro lado das Estrelas
John River: O último desafio
Luzes e Ensinos do Plano Astral
Mensagens que Auxiliam
O Caminho
Paixões na Madrugada
Palavras que Confortam
Palavras que Libertam
Reflexões de uma Jornada
Além das Estrelas
O Declínio da Coragem
Uma História de Vida
A Gota de Chuva
O Homem frente ao Ego
O Menino e o Maestro
Perguntas e Respostas sobre a vida Espiritual
Aprendendo com a Vida
50 Tons de Pensamentos
Gume de dois Lados
John River: o início da missão
Arte de Viver
O Jardim de Dulcineia
Para onde tenha Sol

Um olhar além das Estrelas
Em uma Noite Fria
Lembranças de uma Noite de Réveillon
Amizade Colorida
A Casa da Rua Caravelas
A Luz da Esperança
Efeito Bipolar
Pantera
Déficit de Atenção e Hiperatividade
A Depressão na Visão Espírita
Um Olhar de Misericórdia
Consciência Cósmica Superior